Design & Layout: Pit Boston

Impressum

Herstellung und Verlag:
BoD - Books on Demand, Norderstedt
ISBN 978-3-7347-2455-8

© 2017

6	Überflieger [Vor-Text]
7	Fahrstuhlstopp
9	Der Mann im Wald
12	Schwarzweißer Bär
14	Eine Frau
17	Ende
18	Geister
19	Ziellos
20	Mond-Wind
22	Die Fremden
23	Geheimbund
24	Der Terrorist
27	Jenes Land
29	Irgendwann
30	Frage
32	Lady
34	Kriegskinder
36	Ein bisschen Leben
38	Der Obdachlose
40	Der Trinker
43	De-ja Vu
44	Betrachtung
46	Lügenpresse
48	Ohne Worte
50	Schwule Sau
51	Die Hexe
55	Die Bank
56	Die Herde
58	Ich: Erbsenzähler
60	Todesnachricht
62	Die Tänzerin
65	Intensivstation
67	Der Autist
70	California Crystal

Jetzt ist die Zeit der Überflieger
Sie fliegen hoch und weit hinaus
Die singen Dir die schönsten Lieder
In feinstem Zwirn und heißem Mieder
Jetzt ist die Zeit der Überflieger
So weit bin ich vom Heimathaus

Jetzt ist die Zeit der Überflieger
Die sind so jung, so schön, so stark
Die zeigen ihr gar bunt Gefieder
Wolln mächtig werden, immer wieder
Jetzt ist die Zeit der Überflieger
Allein sitz ich im herbstlich Park

Jetzt ist die Zeit der Überflieger
Allseits geliebt mit stetem Mut
Da, ihre Gärten, reich an Flieder
Es ist die Zeit der großen Sieger
Jetzt ist die Zeit der Überflieger
Vom Sturm verweht mein Haar, mein Hut

Jetzt ist die Zeit der Überflieger
Die sind perfekt und lächeln froh
Ihr Haus gedeckt mit rotem Schiefer
Zur Weihnacht steht die größte Kiefer
Jetzt ist die Zeit der Überflieger
Und ich zieh weiter, einfach so

Jetzt ist die Zeit der Überflieger
Die Zeit des Mittelmaßes dort
Die Zeit der Dirnen und der Dealer
Es stirbt die Menschheit bald am Fieber
Jetzt ist die Zeit der Überflieger
Ich leb an einem fernen Ort

Fahrstuhlstopp

Im Fahrstuhl zwischen Hoch und Runter
So zwischen zwei Terminen – *kurz*
Da wart ich, gar nicht froh und munter
Im Lift, so zwischen Rauf und Runter
Und mancher Witz scheint weit und *schnurz*

Auf einmal stockt der Lift, bleibt stehen
Im Nirgendwo
Ich weiß nicht wo
Wann wird das Ding wohl weitergehen
Ganz plötzlich fängt sich's an zu drehen
Mir wird's recht schwindelig und so

Ne alte Frau steht da und wartet
Sie schaut mich an mit starrem Blick
Ich hoff, dass dieser Lift bald startet
Und jene Frau, die seufzt und wartet
Wann endet dieses Missgeschick

Die Alte scheint das wohl zu spüren
Sie sagt: *„Ach Jungchen, du hast Zeit"*
Ich weiß, ich sollt' mich wohl nicht zieren
Was kann ich hier wohl schon verlieren
So manche Stunden ziehn sich weit

Wir reden über Das und Dieses
Ich lehn mich an die Fahrstuhltür
Wir sprechen über Gutes, Mieses
Im Leben gibt's so manches Fieses
Im Fahrstuhl zwischen Dort und Hier

Ich schau zur Uhr, muss plötzlich grinsen
Hier drin scheint nichts mehr wichtig, ach
So vieles ging mir in die Binsen
Oft schmeckten nicht mal Mittagslinsen
Und manchmal schien ich kaum noch wach

Die alte Frau nahm meine Hände
„Nehms nicht so schwer, das hilft dir nicht"
In jenem Lift, wo kühl die Wände
Hielt sie voll Wärme meine Hände
Es flackerte das Fahrstuhllicht

Ja, da begriff ich, was sie meinte
Ich sollte viel mehr leben noch
Was mich mit dieser Frau vereinte
War der Gedanke – und ich weinte
Wann ging´s im Fahrstuhl runter, hoch

Ein starker Ruck, dann ging es weiter
Recht schnell sprang auf die Fahrstuhltür
Ich sah den Tag, er war so heiter
Und irgendwie schien ich gescheiter
Seit jenem Fahrstuhlstopp all hier

Ich tauchte ein in Stadt und Leben
Oft fiel mir ein der Alten Wort
Wohl konnte ich was von mir geben
Erinnerung an manches Schweben
Im Fahrstuhl zwischen Hier und Dort

Der Mann im Wald

Auf dem Baumstumpf, da im Walde
Sitzt er oft und gern – allein
Es ist gleich hinter der Halde
Bis die Nacht sitzt da der Alte
Und man fragt:
Muss das so sein

Vor zehn Jahren war's im Orte
Da verlor er Haus und Hof
Er war keiner von der Sorte
Die gemacht zu große Worte
Den man schimpfte *faul und doof*

Seine Frau nahm ihm die Kinder
Schnell war auch das Haus verkauft
Als dann kam der kalte Winter
Ging er fort
Er war kein Sünder
Ohne Geld
Und nicht getauft

Lang und weit ist er gezogen
Bis er fand den dichten Wald
Von der Welt zu lang belogen
Ist er ziellos rumgezogen
Und die Städte waren kalt

Zwischen dichten Weihnachtstannen
Fand er das, was ihm gefehlt
Alles Unglück schien von dannen
Hier im Wald, wo Vögel sangen
Wusste er, was wirklich zählt

Die Natur gab neues Leben
Gab ihm auch sein *Ich* zurück
Zwischen Bäumen
Aller Segen
Dort im Baumhaus ewig schweben
Dieser Wald – sein größtes Glück

Mit dem Taschenmesser streicht er
Marmelade übers Brot
In dem Töpfchen Kaffee, dünner
Zwischen Ästen – Sternenschimmer
Wer nichts hat
Kennt keine Not

Doch es gibt wohl auch die Tage
Wo er gern bei Frau und Kind
Nein, er stellt sich keine Frage
Und da gibt's auch keine Klage
Wenn leis säuselt manch ein Wind

All die Jahre, all die Zeiten
Und sein Job in dieser Bank
All das sollte so nicht bleiben
Und die Stadt hat viele Kneipen
Weil die Seele schwach und krank

Keinem muss er heut was bieten
Haus und Auto
Super-Job
In der Stadt sind hoch die Mieten
Nur im Wald duften die Blüten
Weil hier lebt der liebe Gott

Manchen Regen hat's gegeben
Schnee und Hagel
Donner Blitz
Jener Wald – das pure Leben
Wo die Spinnen Netze weben
Mancher Frosch in seichter Pfütz

Irgendwann- und wo im Walde
Sitzt er oft und gern und träumt
Es ist gleich hinter der Halde
Bis die Nacht sitzt da der Alte
Und er hat wohl nichts versäumt

Schwarzweißer Bär

Schwarzweißer Bär in einem Laden
Er sah mich an
Ich kaufte ihn
Für wenig Geld war er zu haben
Der Teddybär in diesem Laden
Ich nehm ihn überall mit hin

Er weint mit mir
Und lacht sehr viel
Er ist so lieb
Ich hab ihn gern
Mit ihm ist Leben fast ein Spiel
Wir weinen und wir lachen viel
Er ist mein allerliebster Stern

Manchmal fühl ich mich sehr allein
Der Bär ist da
Er hilft mir sehr
Wohl will er gern bei mir nur sein
Ist da, wenn ich mal sehr allein
Mit ihm ist alles nicht so schwer

Und wenn ich alt, auch sterben muss
Dann wird er da sein, nur für mich
Er gibt mir dann den letzten Gruß
Kommt mit mir, wenn ich gehen muss
Zum Himmel hoch
Und sicherlich

Schwarzweißer Bär in einem Laden
Er sah mich an
Wollt wohl zu mir
Für wenig Geld war er zu haben
Mein Teddybär in jenem Laden
Er bleibt mein Leben
Immer hier

Eine Frau

Wiedermal den Weg zum Amte
Stolpert sie so gegen 6
Noch ist sie die
Unbekannte
Stolpert schnell den Weg zum Amte
Das liegt vor ihr links
Dann rechts

Brötchen, Kaffee, diesen lauen
Ein Gespräch kurz auf dem Gang
In die Unterlagen schauen
Wie viel werden sich heut trauen
Und die Zeit scheint ewig lang

Auf dem Stuhl, dem harten, kalten
Nimmt sie Platz, schaut hin- und her
Menschen muss sie hier verwalten
Jenen Tag mit Sinn gestalten
Und manch Schicksal wiegt so schwer

Schon kommt rein der erste Kunde
Der sucht Arbeit
Oder nicht
Ziellos starrt er in die Runde
In der Seel klafft ihm 'ne Wunde
Angst sitzt tief ihm im Gesicht

Wut und Hoffnung muss sie kennen
Manchmal Härte auch
Und Mut
Nein, es bleibt kaum Zeit zum Flennen
Manchmal nachts ist Zeit zum Pennen
Oftmals glüht noch
Arbeitswut

Ja, sie weiß, man liebt sie selten
An dem Ort, wo gar nichts gleich
Jenes Amt der tausend Welten
Wo manch´ Regeln kaum noch gelten
Hier wird niemand wirklich reich

Wenn die Kunden dann gegangen
Ordnet sie den Aktenberg
Hier, wo manches unverstanden
Wo sich niemals Menschen fanden
Schaut sie plötzlich recht verklärt

Packt die Tasche und hält inne
Ob sich das mal ändern wird
An der Decke eine Spinne
Leis tropft Regen aus der Rinne
Alles scheint total verkehrt

Sollt sie wirklich einsam bleiben
Haus und Auto
All dies Zeug
Kommen auch mal bessre Zeiten
Ohne Klar- und Ebenheiten
Ohne künstlich-glatter Freud

Doch dann wischt sie sich die Augen
Aus der Haut kommt sie nicht raus
Dieser Traum vom Meer, dem blauen
Schon versunken
Kaum zu glauben
Und sie trinkt den Kaffee aus

Stumm nimmt sie vom Eisenhaken
Ihren Mantel
Ihren Schal
Zwischen Mondlicht, Mücken, Schnaken
Wird sie durch den Regen waten
Morgen früh
Und wiedermal

Ende

Sterne ziehen da am Himmel
So weit weg am Firmament
Was ist's für ein wild' Gewimmel
Diese Sterne dort am Himmel
Selten man den Namen kennt

Doch das Unheil naht behände
Einer bricht aus seinem Kreis
Ach, mir zittern schon die Hände
Wann stürzt er aufs Erd-Gelände
Niemand glaubt was jeder weiß

Irgendwann wird er wohl kommen
Jener Tag
Das böse End
Dann verlischt das Licht der Sonnen
Und kein Traum wird sich noch lohnen
Es verbrennt das letzte Hemd

Nostradamus wollt es wissen
Ja, er schrieb vom letzten Tod
Bald schon wird das End uns küssen
Alles Leben wird dann büßen
Sind wir längst in höchster Not

Schau zum Himmel, weine, schweige
Seh die Menschen – hoffe noch
Wind bewegt die Birnbaum-Zweige
Und mein Blick flieht in die Weite
Und es naht das *"Schwarze Loch"*

Geister

Über Stock und über Steine
Fliegen sie gen Mitternacht
Es sind große
Und auch kleine
Und sie mögen Wasser
Weine
Geister, die schon lang auf Wacht

Sie bestimmen alles Leben
Und den Tod
Das Irgendwo
Und sie nehmen
Und sie geben
Ja, sie können Wolken weben
Sie sind traurig und auch froh

In verlassenen Ruinen
Hört man ihren stummen Ton
Balde emsig wie die Bienen
Zwischen Phlox und Balsaminen
Schau nur, schau
Sie kommen schon

Doch die Nacht ist bald zu Ende
Aller Geisterzauber flieht
Durch die Räume
Durch die Wände
Bis hinaus ins Waldgelände
Nun verklingt ihr Geisterlied

Ziellos

Ziellos streichst du durch die Straßen
Durch die Stadt mit ihren Gassen
Dunkel manche ferne Ahnung
Keine Hoffnung
Keine Planung
Suchst nach neuen schönen Wegen
Nach dem allerbesten Segen

Doch die Nacht senkt sich behände
Übers düstere Gelände
Schnell wird es dir klar und klarer
Alles mager
Alles hager
Und du suchst nach neuen Träumen
Unter schattig dunklen Bäumen

Da, ein Licht blitzt grell hernieder
Und du hoffst im letzten Fieber
Regen nässt Gesicht, Gedanken
Nur nicht wanken
Nur nicht schwanken
Endlich spürst du neue Kräfte
Tief im Herzen beste Säfte

Mond-Wind

Um mich weht ein leiser Wind
Er ist schwach
Ich spür ihn kaum
Dort, wo Sagen, Märchen sind
Weht ein lauer schwacher Wind
Doch hier ist kein Blatt, kein Baum

Leicht verfängt sich Staub auf mir
Ich schau hin
Und lass es zu
War gerad ein Lüftchen hier
Ist's nun still, liegt Staub auf mir
Und verharrt in *ewger* Ruh

Da schließ ich die Augen sacht
Denk an nichts
Und warte nur
Staub hat mir ein Wind gebracht
Es ist Tag
Doch es ist Nacht
Und es fehlt mir jede Uhr

Wie ein Geist schweb ich dahin
Hier ist alles leicht
So leicht
Nach der Erde sinnt mein Sinn
Und ich drifte leis dahin
Und mein Atem atmet seicht

Tief in mir ich Leben spür
Es ist kraftvoll
Reich an Lust
Und der Staub, der lag auf mir
Fliegt davon
Ist nicht mehr hier
Und mein Herz *pulst* meine Brust

Langsam sinkt mein Leib hinab
Dorthin, wo die Träume sind
Dorthin, wo ich Hoffnung hab
Und mein Trugbild klart apart:
Auf dem Mond ist niemals Wind

Die Fremden

Irgendwo in dunklen Räumen
Sitzen sie und schweigen still
Unter ziemlich dichten Bäumen
Wollen sie nicht reden, träumen
Sehen sie ein einzig´ Ziel

Alle Macht und alle Mächte
Ja, sie kennen alle Welt
Dass es bringt und auch was brächte
Auch Rendite, *keine schlechte*
Doch sie wollen gar kein Geld

Denn seit aberhundert Jahren
Sind sie da, so, wie sie sind
Wo sie werden, wo sie waren
Geht es so, wie sie es sagen
Sie sind Sonne, Wolken, Wind

Sind sie Menschen
Sind sie Götter
Jene Fremden bleiben stur
Und es schweigen längst die Spötter
Und es toben alle Wetter
Und die Fremden schweigen nur

Geheimbund

Am schwarzen Tische sitzen sie
In langen Mänteln
Schweigend noch
Im Tempel aller Harmonie
In dunklen Kleidern beten sie
Beschwören Geister tief und hoch

Hier kommt so schnell kein Fremder rein
Ein Schloss aus Stärke zeugt stets davon
Sie müssen sehr verschwiegen sein
Ansonsten bleiben sie allein
Und alle Welt scheint ewger Lohn

Sie sprechen alle Sprachen gut
Sie leiden Leid
Sie machen Macht
Wer hier dabei ist, braucht viel Mut
In jenem Bund ist rein das Blut
Hier lebt der Tag
Hier thront die Nacht

Die großen Tore schließen sich
Der Bund bleibt schweigsam
Und geheim
Verborgen einst
Heut ewiglich
Im Tempel hier, am schwarzen Tisch
Jenseits der Zeit
Im düstern Schein

Der Terrorist

Er war ein ganz normaler Mann
In blauen Jeans und weißem Hemd
Gern sah er sich Museen an
Der ganz normale nette Mann
Ihm war's egal, ob man ihn kennt

Er hatte Arbeit, irgendwo
Mit seinem Geld kam er gut aus
Er war für alles, einfach so
War traurig manchmal, öfters froh
Er lebte in 'nem schönen Haus

Doch irgendwann schien alles trüb
Manch Langeweile schlich sich ein
Das, was ihm einstmals gut und lieb
Schien plötzlich schlecht, total verglüht
Er wollte richtig böse sein

So vieles sah er im TV
Manch Mörderclique fand er toll
Er war nicht dumm und auch nicht schlau
Doch, was er wollt, wusst er genau
Er hatte längst die Schnauze voll

Denn all der öde Biederkram
Mit Haus und Auto, Frau und Kind
Das alles kotzte ihn längst an
Nie mehr ein artig, braver Mann
Er wollt dorthin, wo Kriege sind

So zog er fort aus seiner Stadt
Ins ferne Land, *zum Mörderclan*
Das Leben hatte er so satt
Er wollte stark sein und nicht matt
Und kam bald in der Ferne an

Dort freute man sich wirklich sehr
Ein neuer Kämpfer – *oh wie fein*
Er kam so arglos, stark daher
Ihm fiel der Wechsel gar nicht schwer
Aus seinem Herz doch ward ein Stein

Man gab ihm ein Gewehr sodann
Und Sprengstoff für den großen Knall
Er war einst ein normaler Mann
Der sah sich gern Museen an
Doch ändert sich's so Fall auf Fall

Man schickte ihn flugs wieder fort
Zum Menschentöten für den Sieg
Er flog nach Haus, zum Heimatort
Mit reichlich Sprengstoff – *wie ein Sport*
Von dem am *End* nichts übrig blieb

In seiner Stadt, wo er mal froh
Sollt er nun morden voller Spaß
Er war für alles, einfach so
War er nun glücklich oder froh
War wirklich da nur Wut und Hass

Er setzte sich ins Kino dann
Die Leute kamen, lachten laut
Er war doch ein normaler Mann
Er sollte töten, jetzt, nicht dann
Er spürte seine Gänsehaut

Und er zog schnell am Sprengstoff-Gurt
Gleich kracht es laut mit Feuerball
Doch schien wohl irgendwas verzurrt
Ein Blitz zerriss den Todes-Gurt
Und traf ihn selbst mit vollem Drall

Er sackte weg
Der Tod kam schnell
Die Menschen rannten ängstlich raus
Im Kino ward es wieder hell
Sein Ende kam wohl ziemlich schnell
Sieht so ein Heldensterben aus

Er war ein ganz normaler Mann
In blauen Jeans
Mit weißem Hemd
Er wollte stark sein, *irgendwann*
Er sollte töten, jetzt, nicht dann
Er schaffte, dass ihn jeder kennt

Jenes Land

Jenes Land liegt längst in Scherben
Hier stirbt alles
Nichts kann werden
Überall nur Neid und Hass
Suff und Ekel nennt man *Spaß*

Mob und Pöbel schreit durch Straßen
Nur wer Geld hat, darf auch *prassen*
Armut kriecht durch manchen Block
Leben heißt hier: *Dreck und Schrott*

Geldgier, Klüngel in manch´ Ämtern
Daran will sich auch nichts ändern
Ist man ein *korruptes Schwein*
Braucht *studiert* man hier nicht sein

Autorennen nachts in Städten
Dort kann man sich kaum noch retten
Doch die Polizei schaut weg
Und so wuchert aller Dreck

Für Ganoven gibt's kaum Strafen
Ja, die dürfen ruhig schlafen
Mut, Courage, Ehrlichkeit
Dafür ist hier keine Zeit

Drogen in den Parks, den Gassen
Rotlicht blüht in dunklen Straßen
Mord und Totschlag überall
Wann gibt's wohl den großen Knall

Schmuggel über offne Grenzen
Wer viel zockt, wird bald schon glänzen
Ist man dumm und kriminell
Kommt voran man hier sehr schnell

Wer die Wahrheit sagt im Lande
Wird zur *Populisten-Bande*
Ist man still und ohne List
Bleibt der *stinkend-faule Mist*

Aus manch kriegerischen Landen
Kommen hasserfüllte Banden
Terror kriecht ganz unerkannt
Wunderland
Längst abgebrannt

Ich will flüchten
Ich will fliehen
Ganz weit in die Ferne ziehen
Wo die Hoffnung tot und leer
Ist auch keine Heimat mehr

Irgendwann

Schwindler sind der Welten Ende
Denn sie haben Krieg im Blut
Denn sie haben schwarze Hände
Und sie wollen unser Ende
Und sie sind fürwahr nicht gut

Doch die Leute glauben gerne
Denn die Lügner sind nicht schlecht
Sie versprechen schöne Sterne
Alles Glück liegt in der Ferne
Was sie sagen scheint so echt

Und so jubeln schnell die Leute
Glauben diesen Lügnern, ach
Und es bellt die Hundemeute
Überall nur Glück und Freude
Nirgends tropfts durchs morsche Dach

Irgendwann fällt jede Maske
Lügen bleiben ewig nicht
Dann flieht jede Lügen-Kaste
Dann knickt jeder morsche Aste
Dann weicht Dunkelheit
Dem Licht

Frage

Manche Nacht mocht ich erzürnen
Gibt es Gott
Den großen Mann
Ja, ich wollt den Himmel stürmen
Ganz weit oben auf manch´ Türmen
Sag, wo lebt der Supermann

Doch bleibt stumm die Stimme Gottes
Nichts geschieht
Der Himmel schweigt
Nicht die Spur des großen Wortes
Nur die Nacht gähnt allen Ortes
Und mein Glaube ist sehr weit

In der letzten Fernsehsendung
Wieder Krieg
Und Tod und Hass
Wieder nur manch´ Geldverschwendung
Teufel, Rotlicht und Verblendung
Bist du reich, dann hast du Spaß

Ist all das des Gottes Wille
Will all das der große Herr
Mir bleibt nur die schwarze Stille
Keine Antwort, keine Fülle
Und mir ist´s ums Herze schwer

Hass und Krankheit, auch *Apartheit*
Slums und Armut
Alles bleibt
Wo ist Gott
Wo seine Klarheit
Wo bleibt Gott mit seiner Wahrheit
Passt ein Gott in diese Zeit

Lady

Was für ein Traum um Mitternacht
So lange hast du nachgedacht
Dies wunderschöne Mädchen, ach
Es küsste dich so oft schon wach
Und Nebel wabert *dicht und sacht*

Ist sie noch da
Ist sie es nicht
Verklärt dein Traum
Verklärt das Licht
Sie tanzt mit dir und lächelt leis
Die Nacht scheint schwarz
Scheint doch so weiß
Was für ein Zauber, *dies Gesicht*

Die Jugend zieht an dir vorbei
Erlebnisse des nachts um 3
Was hat das Schicksal dir gebracht
Du hast geweint
Du hast gelacht
Manchmal so vieles *einerlei*

Die Zeit nahm alles mit sich fort
Dir blieb nichts übrig – nicht ein Wort
Nur die Gedanken in dir drin
Und diese Frau
Dein wacher Sinn
Und jener märchenhafte Ort

Dein Traum verklingt wie einst dein Lied
Du singst es noch
Weils dir noch blieb
Noch einmal winkt das Mädchen dir
Entschwindet in der Tränentür
Im Nebelschleier
Der verfliegt

Kriegskinder

Sie suchen noch das Morgenrot
Die Kinder aus dem fernen Land
Und abends gibt's hier Abendbrot
Die ferne Heimat ist schon tot
Im Krieg ist alles abgebrannt

Sie kamen her ins deutsche Land
Die Kinder aus der *andern* Welt
Sie fanden manche helfend´ Hand
Und stießen auch auf manche Wand
Sie hatten Hunger, wenig Geld

Man schimpfte laut und leise hier
Warum nur gehen sie nicht weg
Es gibt nicht Krieg
Nicht Bomben hier
Und ruhig ist's des nachts um *Vier*
Und volle Läden sind ums Eck

Das alles gab's im Kriegsland nicht
Es ist zerstört
Das ist nicht mehr
Die Nacht erhellte Bombenlicht
Und manchen Toten fand man nicht
Und Kinderaugen – *endlos leer*

Wohin geht's nur – *wohin, wohin*
Warum der Krieg – *warum, warum*
Die Kinder wollen wieder hin
Doch aller Traum bleibt ohne Sinn
Und alle Worte bleiben stumm

So anders wird man mit der Zeit
Im fremden Land scheint alles *fremd*
Man fühlt sich frei
Doch nie befreit
Familie, Heimat ist so weit
Und auf der Haut das *letzte Hemd*

Die Heimat ist, wo's Herze schlägt
Auch Bomben löschen das nicht aus
Die Kinder wollten niemals weg
Und hier ist Frieden
Rund ums Eck
Wo steht das gute Heimat – Haus

Ein bisschen Leben

„*Was ist geschehen*", fragte sie
Man wusste nicht mal *wann und wie*
Das Kind lag tot im Garten dort
Der Tag war trüb
Ein schlimmer Ort

Die Mutter schwieg
Sie sagte nichts
Das bisschen Leben – fern des Lichts
Es war doch eine schöne Zeit
Ihr Kind und sie
Ein Glück zu zweit

So viel erlebten sie
So viel
Ihr Kind Zuhause und beim Spiel
Sie schaut´ die Fotos lange an
Und weinte auch – so dann und wann

Erinnerungen sind so tief
Das bisschen Leben
Nichts ging schief
Doch traf ihr Kind des Teufels Sohn
Und alle Hoffnung ward zum Hohn

Was ist das Leben
Was der Sinn
Warum das Leben
Wo geht's hin
Hat Leben irgendeinen Zweck
Ist es am End´ vielleicht nur Dreck

Sie schwieg
Sie wusst die Antwort nicht
Wohin sie ging
Man weiß es nicht
Ihr Kind, die Urne nahm sie mit
Vom Leben blieb ihr nicht ein Stück

So oft sucht man nach einem Ziel
Ist Leben ernst
Ist´s doch nur Spiel
Das bisschen Leben scheint nicht lang
Wohl weint man oft
So dann
Und wann

Der Obdachlose

Die Sonne strahlt und wärmt die Stadt
Dort ist es, wo man alles hat
Doch hinterm Park, im Brückenschacht
Ist meistens Armut
Meistens Nacht

Er zieht seit vielen Jahren um
Er war mal was
Er ist nicht dumm
Der Alkohol wärmt Sorgen fort
Und Ängste auch
Und manches Wort

Im Wohnungsamt lehnt man ihn ab
Ein Säufer, der so gar nichts hat
Man will ihn nicht
Man schickt ihn fort
Und wieder zieht er durch den Ort

Die Straße ward zur Heimat ihm
Sein Leben aber: *ohne Sinn*
Einst wollt' er mal so hoch hinaus
Am Ende blieb das Hinterhaus

Seit Tagen streikt die Leber sehr
Die Freundin weint
Es ist so schwer
Er bricht zusammen irgendwo
Er kann nicht mehr
Das ist wohl so

Von seinen Träumen blieb nicht viel
Kein Platz zum Leben
Und kein Ziel
Im Winter fror er sich bald tot
Es wärmte ihn nur Schnaps
Sein Brot

Gestorben ist er irgendwann
Im Krankenhaus
Als armer Mann
Er hat gehofft, geweint, gelacht
In seinem Heim
Im Brückenschacht

Die Sonne scheint auf diese Stadt
Scheint warm und ruhig auf sein Grab
So einsam ist's am Brückenschacht
Der Wind ist kalt
In jeder Nacht

Der Trinker

Irgendwo in jener Stadt
Dort, wo keiner Namen hat
Lebte er wohl irgendwie
Reichtum hatte er noch nie
Lebte er so in den Tag

Eines Tages gegen 10
Blieben alle Uhren stehn
Ja, man warf ihn einfach raus
Job und Arbeit – alles aus
Plötzlich ward die Welt nicht schön

Einsam saß er nun im Dreck
Irgendwo im Straßeneck
Nur der Alkohol war da
In der kleinen Hafenbar
Soff er sich die Sorgen weg

Trank ab jetzt tagein tagaus
So sah jetzt sein Leben aus
Alles sollt im Kreis sich drehn
Er konnt selbst sich nicht verstehn
Alkohol – sein bester Schmaus

Und die Sucht hielt ihn ganz fest
Er versoff den letzten Rest
Immer öfter fiel er um
Aller Traum blieb tot und stumm
Weil die Sucht nichts leben lässt

Irgendwann im Krankenhaus
Kam er aus dem Suff mal raus
Für sechs Wochen trocken, clean
Für sechs Wochen wieder Sinn
Wieder Mensch und keine Maus

Ja, er schwor sich klipp und klar:
Nie mehr saufen, wie´s mal war
Wieder Arbeit, Lebenssinn
Doch der Wunsch schien schnell dahin
Und es nahte die Gefahr

Ach, er trank so viel, so viel
Ohne Halt und ohne Ziel
Bis sein Traum total zerbrach
Aus die Heimat, Haus und Dach
Und der Regen fiel und fiel

Irgendwann sah er ein Licht
Hörte, wie man zu ihm spricht:
Fürchte dich nicht, komm nur, komm
Ich bin hier und warte schon
Und er fürchtete sich nicht

Warf die Flasche weit von sich
Spürte Kraft im Angesicht
Lief und lief und war schon fort
Einsam blieb sein Heimat-Ort
Nein, die Sucht vergab ihm nicht

Irgendwo in jener Stadt
Dort, wo niemand Namen hat
Hat gelebt er irgendwann
Nein, er war kein reicher Mann
Und vom Baum fällt leis ein Blatt

De-ja Vu

Der Wind pfeift über Baum und Strande
Die Gräser wiegen her und hin
So einsam ist´s hier auf dem Lande
Auf Usedom, am Ufersande
Und Schnee treibt übers Meer dahin

Da sind so viele Traurigkeiten
So manche Träne rinnt dahin
Ich wollte fliehen in die *Weiten*
Auf Usedom lass ich mich treiben
Ach, irgendwie zerschellt mein Sinn

Such nach der Heimat, die mir fehlte
Da war so vieles schlimm und fremd
Und als ich mich tagtäglich quälte
Hab´ ich vergessen, was noch zählte
Hab´ ich gekämpft ums letzte Hemd

Doch fehlte mirs an Luft und Liebe
So ging ich fort
Kam bald hierher
Wohin es geht – wohin ich ziehe
Ist noch nicht klar
Jetzt in der Frühe
Ganz tief im Herzen ward es leer

Noch immer friert der Wind den Morgen
Noch immer schau ich übers Meer
Noch immer sind in mir die Sorgen
Schnee fällt auf Usedom
Im Norden
Und Wolken hängen tief und schwer

Betrachtung

Ich bin nicht fehlerlos
Und manchmal ist mir
Als sähe die Welt um mich herum
Bedrohlich aus
Ein Moloch gar
In dem ich um mein Überleben kämpf
Und kämpfen muss

Und manchen Freund stoß ich schnell weg
Er könnte schlecht und böse sein
Dann scheint der Tag
Wie Mist, wie Dreck
Und nicht wie Wein
Und nicht wie aller Nächte Traum

Bis ich für mich am fernen Orte bin
Mit traurig-wachem Sinn
Noch immer
Und wieder geh ich auf die Menschen zu
Aus meiner Ruh
Will ich noch einmal es versuchen

Dann geh ich los
Brech auf in diese nimmermüde Welt
In der man nur ein Mensch ist
Wenn man viel hat von dem schnöden Geld
Und kaum Gefühle
Und kaum noch Sinne
Und kaum noch Liebe

Es ist nicht meins
Denn ich kann fühlen, denken, lieben
Doch
Werde ich nie ohne Fehler leben
Denn mein Leben
Ist ein Stolpern, ein Irren auch
Ein Suchen gar
Durch die Zeit und durch
Mich selbst

Lügenpresse

Und sie schreiben immer weiter
Immerzu nur Schund und Dreck
Nein, sie werden nicht gescheiter
Diese Affen, diese Leiber
Und sie werfen Wahrheit weg

Und sie fühlen sich so sicher
Denn man stopft sie voll mit Geld
Nichts kommt mehr in trockne Tücher
Und man leugnet alle Bücher
Und man leugnet diese Welt

Dummheit zieht durch alle Straßen
Hass und Missgunst überall
Wenn der Pöbel schreit durch Gassen
Schweigt man still
Man will es lassen
Wann kommt wohl der große Knall

Untern Teppich kehrt man alles
Weg ist weg – so sieht man´s nicht
Und im Fall des schlimmsten Falles
Leugnet man ganz schnell mal alles
Knipst man ganz schnell aus das Licht

Zu viel Dreck bringt doch nur Schaden
Darum schreibt man alles „schön"
All die Ketzer soll man jagen
Wie so manchen Satansbraten
Denn man will sie nicht verstehn

Hinter mancher Tüllgardine
Schimpft man heftig, hat man Wut
Doch man scheut dort jede Bühne
Hetzt behänd ins Blaue, Grüne
Bis es schäumt, manch´ Drogenblut

Doch das Volk geht auf die Straße
Überall, weil´s Frieden will
Fort mit allem blinden Hasse
Diesem falschen, dummen Spaße
Wahrheit ist des Menschen Ziel

Ohne Worte

Sie steht nur da im Dämmerlicht
So große Worte macht sie nicht
Ihr Kind starb lang von fremder Hand
Und es herrscht Ruhe überm Land

Der Wind zerzaust ganz leis ihr Haar
Sie weiß genau, dass es *hier* war
Der Herbst nahm jenen Sommer mit
Und ihren Sohn
Ihr größtes Glück

Was ist das Leben jetzt noch wert
War all das *Gestern* so verkehrt
Sie kann nicht weinen, steht nur da
An jenem Ort
Wo´s neblig war

All die Erinnerung brennt tief
Ihr ist, als ob man nach ihr rief
Auf einem kleinen Segelboot
Winkt still ein Kind im Abendrot

Der Kahn ist fort
Fort auch der Sohn
Ihr ist so kalt und schwächlich schon
Ihr Herz, die Seele – alles tot
Längst fort mit jenem Leichenboot

Der Täter lebt – er sitzt im Knast
All die Gedanken – eine Last
Tagtäglich fragt sie sich: *Warum*
Doch Grab und Himmel bleiben stumm

Sie steht noch da im Dämmerlicht
Nein, große Worte macht sie nicht
Ihr Kind ist tot
Durch fremde Hand
Und es ist Ruhe überm Land

Schwule Sau

Vorm Spiegel dreht er sich nochmal
Es sitzt das Kleid, der rosa Schal
In dieser Welt aus Ignoranz
Stimmt er sich ein
In bunter Trance

Hier in der kleinen Spießerstadt
Wo jeder keinen Namen hat
Lebt heimlich jeder seinen Traum
Ein schwules Leben gibt's hier kaum

Im Keller-Club *„Zur Transen-Nacht"*
Ist's ganz egal, was jeder macht
So mancher Mann liebt einen Mann
Und manche Frau 'ne Frau sodann

Hier tobt sich alles Schwule aus
Hier gibt es keine graue Maus
Hier ist er eine schöne Frau
Hier ist er keine schwule Sau

Mit Alkohol und manchem Kick
Fühlt er sich toll
Fühlt er sich chic
In dunklen Ecken liebt man sich
Die Bürger findens widerlich

Dann, wenn die Nacht vorübergeht
Ist aus, was hier kein Mensch versteht
Er zieht sich um und weiß genau
Als Mann wird er
Zur schwulen Sau

Die Hexe

Ziemlich hoch im Wolkenzelte
Lebte sie für sich allein
Schaute traurig auf die Welte
Von dort oben, ihrem Zelte
Wollt so gern mal Mutter sein

Doch zu ihr, welch schlimmes Leben
Kam niemals ein netter Mann
Ach, sie wollt doch Liebe geben
Und ein Kind, ein schönes Leben
Ein Familienglück sodann

Aller Traum jedoch blieb ferne
Mann und Kind – nie kam´s zu ihr
Lange schaut sie zu manch´ Sterne
Alles Glück schien viel zu ferne
Keine Freude, keine Zier

Da begann sie sich zu rächen
Holte sich, was sie gewollt
Nutzte aller Menschen Schwächen:
Mit der Gier wollt sie sich rächen
Zauberte ein Tor aus Gold

Damit lockte sie manch´ Mädchen
Und versprach das große Geld
Ach, es kamen aus dem Städtchen
Viele junge, hübsche Mädchen
Durch das Tor zur Wolken-Welt

Zur Begrüßung gab es Kuchen
Daunenbettchen wunderschön
Niemals gab es Grund zum Fluchen
Herrlich schmeckten Torten, Kuchen
Nein, kein Mädel wollte gehn

Doch wenn aller Tag vergangen
Kroch empor die schwarze Nacht
Plötzlich zischten tausend Schlangen
Dort, wo längst der Tag vergangen
Hat sich Unglück breitgemacht

Da, zur Hex ward die Frau Holle
Und ihr Wolkenhaus zerfiel
Formte sich zur schwarzen Scholle
Blitze zuckten um Frau Holle
Ach, es war ein böses Spiel

Alle Mädchen, die dort oben
Längst gefangen in der Scholl
Als die Wolken fortgezogen
Warn die Mädchen nicht mehr oben
Brach entzwei dies Tor aus Gold

So verschwanden hundert Mädchen
Keiner ahnte je wohin
Traurig lag nun Welt und Städtchen
Denn es fehlten junge Mädchen
Und es fehlte Glück und Sinn

Doch ein junger Prinz vom Meere
Hörte von dem Trauersang
Und er kam ganz ohne Heere
Mit dem Boot weit übers Meere
Und er suchte tagelang

Bis er sah die dunklen Wolken
Wo Frau Holle arglos war
Mit 'nem Luftschiff unbescholten
Flog er hoch bis zu den Wolken
Und sein Sieg schien sonnenklar

Er entdeckte jene Scholle
Wo die Mädchen eingesperrt
Doch da war auch noch Frau Holle
Die verteidigte die Scholle
Ihr Gesicht von Wut verzerrt

Kraftvoll hob der Prinz den Degen
Stach in jene Wolkenpracht
Dort heraus stob wilder Regen
Alle Mädchen warn am Leben
Als die Scholle laut zerkracht

Und im Luftschiff fröhlich singend
Flog der Prinz die Mädchen heim
Ach sie tanzten lustig springend
Durch das Städtchen rufend, singend
Alle konnten glücklich sein

Und Frau Holle in der Wolke
Die kam niemals wieder her
Denn das Tore aus purem Golde
War nur Lüge, wie die Wolke
Die Frau Holle gibt's nicht mehr

Die Bank

Recht einsam steht die Bank am Wald
Sie ist verwittert und schon alt
Manch Brett brach durch
Man strich sie an
Ich sitz hier gern, auf ihr, sodann

Von hier aus schau ich auf die Stadt
Die unten liegt und Leben hat
Doch auch zum Himmel ist's nicht fern
Von hier aus seh ich gut die Stern'

Die Bank kennt auch mein Auf und Ab
Sie kennt mich, wenn ich stark und schlapp
Sie kennt auch meine Tränen gut
Sie gibt mir Kraft
Sie gibt mir Mut

Und wenn ich wieder gehen will
Dann lächelt sie so lieb und still
Dann sag ich leis:
„Mach's gut, bis bald"
Da ist's egal, ob warm, ob kalt

So einsam steht die Bank am Wald
Verwittert ist sie
Und schon alt
Ich bin hier gern
Ich bin hier froh
Auf meiner Bank, im *Irgendwo*

Die Herde

Und die Herde, die zieht weiter
Starker Sturm verweht die Spur
Dieser Winter ist nicht heiter
Und die Herde zieht schon weiter
Schreie halln durch Wald und Flur

Manches Kälbchen friert, ist müde
Bleibt vielleicht schon bald zurück
Es ist kalt und es ist trübe
Doch die Herde wird nicht müde
Kämpft voran sich Stück um Stück

Wölfe harren da am Rande
Haben Hunger immerfort
Doch der Herde wird's nicht bange
Sieht die Wölfe da am Rande
Und zieht immer weiter fort

Doch der Sturm wird immer stärker
Schon bleibt manches Kalb zurück
Auch die Wölfe machen Ärger
Und der Schneesturm wird noch stärker
Bis zum See ist's noch ein Stück

Nein, die Wölfe wolln nicht jagen
Nehmen schwache Kälbchen sich
Es ist hart in diesen Tagen
Sehr viel Kraft fehlt da zum Jagen
Winterzeit ist fürchterlich

Doch die Herde zieht schon weiter
Nichts hält sie an einem Ort
Ausgemergelt ihre Leiber
Und die Tiere ziehen weiter
Und sind längst schon wieder fort

Durch den Sturm und durch die Lande
Führt ihr Weg von See zu See
Mancher Wolf wacht da am Rande
Tod, Verderben auch im Sande
Und manch Spur verwischt im Schnee

Ich: Erbsenzähler

Wenn ich´s mir mal so betrachte
Manches grob und manches sachte
Wars doch schlecht und manchmal gut
Manchmal böse auch das Blut
Manchmal sah ich zu, wies krachte

Mal geboren unter Schmerzen
Manchmal feierlich mit Kerzen
Viel gelacht und viele Sorgen
Und gelebt auch heute, morgen
Oftmals Angst vorm eignen Herzen

Trauer lähmte meine Seele
Alkohol die durstge Kehle
Mal geflucht und mal gelacht
Niemals alles recht gemacht
Weiß nur, dass ich mich oft quäle

Düstre Nächte, kalte Liebe
Auch manch´ sonderbare Triebe
Zeter, Mordio, Mummenschanz
Torkeln, Schreien, letzter Tanz
Für manch´ Kämpfe oft zu müde

Leben konnt ich niemals schwänzen
Selten nur schafft´ ich´s zu glänzen
Kaum einmal zu viel gelacht
Hat es auch schon laut gekracht
Und ich stieß an meine Grenzen

War mal oben, öfter unten
Saß im Karussell, dem bunten
War und bin ein dummer Clown
Wollte stets was Großes baun
Reichtum, Glück noch nicht gefunden

Bin verrückt und Europäer
Bin nicht schlau
Bin doch Versteher
Hat mein Leben einen Sinn
Keine Ahnung – doch ich bin
Irgendwie ein Erbsenzähler

Todesnachricht

Still steht die Zeit – die Zeit steht still
Bei dem, was man nicht hören will
Die Sonne scheint und scheint doch nicht
Ein Blitz zuckt scharf in das Gesicht

Die Todesnachricht trifft so schwer
Wo kommt nur all die Trauer her
Warum geht's plötzlich her und hin
Wo ist die Hoffnung
Wo der Sinn

Dann sitzt man da, und weint noch nicht
Man starrt ins dunkle Deckenlicht
Kein Wort fällt mehr – es knackt nur leis
Man weiß nicht mehr, was man doch weiß

Die Lähmung löst sich nimmermehr
Die Zimmer sind so leer, so leer
Man sucht nach irgendwas im Raum
Man weiß nichts mehr
Man glaubt es kaum

Soll man sich jetzt erinnern, ja
Soll man dran denken, was geschah
Wo ist's passiert Warum so schnell
Im Kopf ist's dunkel, nicht mehr hell

Nein, eine Antwort gibt es nicht
Man starrt ins dunkle Deckenlicht
Es rinnen Tränen irgendwann
Man schaut im Spiegel sich lang an

Verdammt, das geht nicht wieder weg
Bleibt ganz tief drin – ein schwarzer Fleck
Das Leben geht nun andersrum
Es fragte nicht – bleibt hart und stumm

Da hat man so viel schon geplant
Hat viel gekämpft – hat abgesahnt
So sollt es immer weiter gehn
Jedoch ganz plötzlich blieb es stehn

Still steht die Zeit – die Zeit steht still
Still steht das Herz, und das Gefühl
Wird es wohl weitergehen mal
Man weiß es nicht
Man spürt nur Qual

Die Tänzerin

Irgendwie verklärt vielleicht
Eine Träne noch im Aug
Ist berühmt sie
Ist sie reich
Manchmal traurig auch
Vielleicht
Es ist ihre beste Schau

Ach, es war 'ne schwere Zeit
Harte Arbeit, viel Verzicht
Heut ist sie vom Glück nicht weit
Nein, sie fühlt sich nicht befreit
Streng manch´ Züge im Gesicht

Viele Fragen wiegen schwer:
War es richtig
War´s nicht gut
Ist sie heute wirklich wer
Ach, ihr Leben wiegt so schwer
Soviel Tanz liegt ihr im Blut

Düster scheint die Bühne jetzt
Nur Musik erklingt ganz leis
Ja, sie tanzt so unverletzt
Leicht und schön und nicht gehetzt
Ihr *Tutu* ist strahlend weiß

Und sie tanzt für sich allein
Nur ein Licht strahlt sie noch an
Warum stets alleine sein
Warum niemals Sekt und Wein
Schaut sie wirklich niemand an

Da bemerkt sie einen Blick
Er ist stark und trifft sie sehr
Und ganz langsam, Stück für Stück,
tanzt sie hin zu jenem Blick
Fühlt dabei sich traurig, schwer

Es ist eine fremde Frau
Ihr Gesicht im Schatten liegt
Doch ihr Blick ist sehr genau
Wer ist jene fremde Frau
Woher hat sie diesen Blick

Als sie näher tanzt und schaut,
staunt sie, denn die Frau vor sich
ist sie selbst, so sehr vertraut
Und sie weint und staunt und schaut
Sieht ihr eigenes Gesicht

Niemand sonst ist wohl zu sehn
Jenseitig von Traum und Show
Ach, sie tanzt so wunderschön
Möcht nicht von der Bühne gehn
Doch die Fremde scheint nicht froh

Da, das Licht verlischt ganz sacht
Und die Schau ist aus, *vorbei*
Längst ist es nach Mitternacht
Da geht aus das Licht ganz sacht
Aller Tanz scheint einerlei

Regungslos und leichenblass
geht sie von der Bühne schnell
Spürt nicht Trauer oder Spaß
Draußen ist es regennass
Nacht ist es und gar nicht hell

Plötzlich spürt sie es genau:
Tanzen ist ihr größtes Glück
Niemals war ihr Leben grau
Und es lacht die fremde Frau
Leicht tanzt sie zur Show zurück

Intensivstation

Die Mutter liegt im Krankenhaus
Auf einer Intensivstation
Tief in mir drin sieht's düster aus
Die Mutter liegt im Krankenhaus
Ich lieb sie sehr, ich bin ihr Sohn

Geh jeden Tag zu ihr dorthin
Dort scheint mir alles fremd, steril
Die Mama wollte nie dorthin
Und ich geh jeden Tag dorthin
Hoff auf ein Wunder, gar nicht viel

Die Apparate piepsen leis
Die Schläuche liegen überall
Der Kreislauf ist mal dünn, mal heiß
Ich weiß nicht mehr, was sonst ich weiß
Mein Leben ist in freiem Fall

Hab so viel Fragen in mir drin
Stell sie dem Arzt, der Schwester auch
Wie geht's nur weiter, wo geht's hin
Tief hämmern Fragen in mir drin
In meinem Hirn zieht Angst und Rauch

So viel geht mir durch Mark und Sinn
Und durch mein Herz, das schmerzt so sehr
Geh jeden Tag zu ihr dorthin
Und weiß ansonsten nicht wohin
Ach, meine Seele wiegt so schwer

Manchmal spricht Mama leis ein Wort
Das ist so kostbar, wichtig, lieb
An diesem schwierig schweren Ort
Zählt jedes Streicheln, jedes Wort
Zählt mein Gebet, dass leise zieht

Die Schnabeltasse auf dem Tisch
Mit Wasser, Brei gefüllt nur halb
Ach Mama, warum trinkst du nicht
Ich halt die Tasse doch für dich
Kommst du nach Hause wieder – *bald*

Die Mutter ist im Krankenhaus
Auf einer Intensivstation
Mit meiner Hoffnung halt ich´s aus
Bin jeden Tag im Krankenhaus
Ich lieb sie sehr, ich bin ihr Sohn

Der Autist

Er war noch jung, ein Junge noch
Und doch so fremd von dieser Welt
Er schien recht glücklich, immer noch
Und lebte nicht im dunklen Loch
Und war so sanft, verstand, was zählt

Oft sagte man: *"Der ist verrückt"*
"Der tickt nicht richtig irgendwo"
Manchmal schien er der Welt entrückt
Man sagte: *"Ach, der ist verrückt"*
"Der merkt doch nichts, wird niemals froh"

Doch seine Mutter liebte ihn
Auch, wenn er anders war und schwieg
Für sie war er der Lebenssinn
Vielleicht sogar der Hauptgewinn
Er hatte alle Menschen lieb

Denn wenn er lachte, fröhlich war
Dann schien die Welt, das Glück perfekt
Dann schien fast alles sonnenklar
Und nichts blieb mehr so wie's sonst war
Er war doch klug und aufgeweckt

Jedoch verging die Zeit, die Zeit
Er hat gespürt, man wollt ihn nicht
Er wusste um der Mutter Leid
Da lief er fort, soweit, soweit
Ein sanftes Lächeln im Gesicht

Der Mutter hat er nichts gesagt
Er lief und lief bis an das Meer
Nie hatte er geflucht, geklagt
Und auch der Mutter nichts gesagt
Das Meeresrauschen wog so schwer

Noch einmal schaute er sich um
Da war niemand am kahlen Strand
Er war ein Junge noch, so jung
Vielleicht verrückt, doch niemals dumm
Als er vor Gott so einsam stand

Ganz plötzlich rief jemand nach ihm
Dort draußen auf dem weiten Meer
Wer war das nur
Wo lag der Sinn
Er lief ins Wasser einfach hin
Man sah ihn später nimmermehr

Komm heim, komm heim, du liebes Kind
Bei mir hier bist Du nie allein
Dort, wo die Kinder Engel sind
Wach ich bei Dir, mein liebes Kind
Komm lass und jetzt zusammen sein

Die Welt dort draußen war zu kalt
Er wollte nicht mehr draußen sein
Die Tür, die offen einen Spalt
War plötzlich einfach zugeknallt
In seiner Welt blieb er allein

Er war so jung, ein Junge noch
Nur seine Spur blieb da im Sand
Ganz leise summt am Strand der Wind
Die Mutter weinte um ihr Kind
Denn es ergriff wohl Gottes Hand

California Crystal

Ich treff sie dort, wo alles leer
In jener Bronx, am Rand der Zeit
Das Lachen fällt ihr schwer, so schwer
Und machen Traum, den gibt's nicht mehr
So manche Hoffnung scheint so weit

Die Spritze in der rechten Hand
Den Stoff fest in der linken Faust
Ansonsten total abgebrannt
So lehnt sie weinend an der Wand
Ein Dealer um die Ecke saust

Ich frage sie, wie's sonst noch steht
Ist sie alleine oder nicht
Sie sagt, ihr Leben sei verdreht
Für Kind und Mann sei's längst zu spät
Nur manchmal Sex
Jenseits vom Licht

Für zwanzig Dollar irgendwo
Dann reicht's auch für den nächsten Schuss
Sie meint, ihr Leben sei halt so
Für wenig Geld ins Nirgendwo
So sollt es sein wohl bis zum Schluss

Der Regen wäscht die Stufen ab
Auf welche sie ganz plötzlich sinkt
Ich will ihr helfen
Sie winkt ab
Ein kalter Stein, einsames Grab
Hier, wo es nur nach Abfall stinkt

Sie schließt die Augen sanft und lieb
Wie manches Kind, das schlafen will
Was für ein Schicksal sie wohl trieb
An jenen Ort, wo's ewig trüb
Sie liegt nur da und schläft ganz still

Ich sitz bei ihr – der Mond scheint matt
Ich wein um sie
Doch sie ist fort
Man holt den Leichnam wortlos ab
Ob sie's im Himmel besser hat
Vielleicht ist's dort ein guter Ort

Es ist schon Nacht, so gegen 3
Ich fahre ins Hotel zurück
In jener Welt, wo alles frei
Hört niemand mehr den stummen Schrei
Den Drogentod, fernab vom Glück

Da spricht ein Pfarrer im TV
Und viele andre nicken brav
Man stellt die Armen dann zur Schau
Und spricht ansonsten klug und schlau
Und legt sich dann zum süßen Schlaf

Ich sah sie dort, wo alles schwer
In jener Bronx
Am Rand der Zeit
Die junge Frau gibt es nicht mehr
Sie starb ganz einsam, wortlos, leer
Es bleibt kaum Hoffnung
Nur noch Leid